Saucen und Dips

zum Reinlegen gut

> Autoren: E. Döpp | C. Willrich | J. Rebbe | Fotos: Kai Mewes

Inhalt

Die Theorie

Die Rezepte

Extra

Köstliche Saucen und rassige Dips: unwiderstehlich gut

Mal samtig weich, mal frisch und würzig – die gute Sauce macht manches feine Essen erst zum perfekten Genuss. Ob geliebte Klassiker, neue heiße und kalte Versuchungen, scharf, deftig, zuckersüß, für jeden Geschmack und jede Gelegenheit werden Sie Ihre Lieblingssauce finden. Und wenn es wieder mal schnell gehen muss, versuchen Sie unsere rasanten Blitzsaucen, die Sie immer am Kapitelanfang finden.

Grundrezept

Fonds und Brühen

Die Grundlage jeder guten Sauce ist meist ein kräftiger Fond oder eine aromatische Brühe. Wegen des neutralen Geschmacks eignen sich Gemüsebrühe und -fond praktisch für alle Saucen. Zu Fisch, Geflügel, Lamm oder Rind ist es aber immer besser, den passenden Fond zuzubereiten und für die Sauce zu verwenden.

Fleischfond

FÜR 1 l FOND

➤ 2 kg Rindfleisch in Stücke geschnitten oder 2 kg klein gehackte Knochen (Kalb)

1 Zwiebel | 2 Möhren

150 g Sellerie

1 Stange Lauch

1 El Öl

1 EL Tomatenmark

500 ml Rotwein

1 Lorbeerblatt

je 2 Zweige Thymian, Majoran und Petersilie

Pfeffer | Salz

TIPP

Fond aufbewahren

Dafür den Fond abkühlen lassen,das Fett nach dem Erkalten abheben. Den Fond portionsweise einfrieren. Für kleine Mengen den Eiswürfelbehälter verwenden und die Fondwürfel in Gefrierbeuteln einfrieren.

1 *Fleisch oder Knochen waschen und abtrocknen. Zwiebel schälen, Gemüse putzen und waschen. Alles in grobe Stücke schneiden. Den Backofen auf 180° vorheizen.*

2 *Das Öl in einer Kasserolle erhitzen und Fleisch oder Knochen darin kräftig anbraten. Das Gemüse dazugeben und mitrösten. Das Tomatenmark darunter rühren.*

3 *Mit dem Wein und 1 l Wasser ablöschen. Gewürze dazugeben. Aufkochen lassen. Im Backofen (Mitte, Umluft 160°) 2 Std. köcheln lassen, dann durch ein Sieb gießen.*

Fond-Variationen

Um zu einem wirklich aromatischen Fond zu kommen, sollten Sie ihn unbedingt einkochen lassen. Das intensiviert den Geschmack ganz ungeheuer. Profis kochen ihren Fond häufig so stark ein, bis er eine dickflüssige, sirupartige Konsistenz hat. Dieser Fond wird »Glace« genannt, er gibt Fleischsaucen einen wunderbaren Geschmack. Auch diesen reduzierten Fond können Sie im Eiswürfelbehälter einfrieren, ansonsten bleibt er im Kühlschrank mindestens eine Woche frisch.

Bei großen Braten entsteht die Bratensauce im Grunde fast von selbst durch das Mitschmoren von Zwiebeln und Gemüse. Ein Fond zum Aufgießen des Bratensatzes ist dann nicht unbedingt notwendig, aber er schadet natürlich auch nicht, sondern macht die Sauce noch besser.

Geflügelfond

Einen aromatischen Geflügelfond bereiten Sie zu wie den Fleischfond von Seite 4, statt Fleischknochen 2 kg klein gehacktes Hähnchenklein (Keulen, Flügel) verwenden.

Lamm- und Wildfond

2 kg Lamm- oder Wildknochen mit Fleischanteil verwenden, den Fond nach dem Grundrezept zubereiten, dabei statt Majoran Rosmarin verwenden und zusätzlich 2 ungeschälte Knoblauchzehen mit anbraten.

Fischfond

1 kg Fischgräten und Fischköpfe (Kiemen entfernen!) mit 1 Lorbeerblatt, 1 Zweig Thymian und 250 g zerkleinertem Suppengemüse in 1 l Wasser aufkochen und 20-30 Min. offen ziehen lassen, dann durchsieben.

Gemüsebrühe

200 g Möhren-, 100 g Lauch-, 50 g Zwiebel- und 100 g Sellerieraspel in 1 l Wasser mit 1 Lorbeerblatt, 1 Prise geriebener Muskatnuss, 1 TL Kurkuma (Gelbwurz), Pfeffer und Salz 15 Min. garen, durchsieben.

Das Einmaleins des Bindens

Um aus einer guten Sauce eine runde perfekte Köstlichkeit zu machen, wird sie häufig gebunden. Dafür gibt es verschiedene Möglichkeiten: mit Stärke, mit Ei, kalorienreicher mit Sahne und – professionell und ganz besonders fein, aber leider nicht gerade low-fat – mit Butter.

1 | Mit Stärke binden

250 ml Flüssigkeit binden Sie mit:
– 1 EL Speisestärke (Kartoffelmehl) oder normalem Mehl. Dafür das Stärkemehl in 3 EL Wasser anrühren und neben dem Herd in die heiße Sauce rühren und aufkochen lassen. Speisestärke bindet sofort und schon unter 90 Grad.
– 1 TL Johannisbrotkernmehl (gibts im Bioladen und im Supermarkt), das Sie direkt in die heiße Sauce rühren können. Die Sauce danach aufkochen lassen. Johannisbrotkernmehl hat den Vorteil, dass Sie es nicht extra in Wasser anrühren müssen, sondern wie einen Instant-Saucenbinder direkt in die Sauce geben können.
– 50-80 g Kartoffelraspeln, die Sie separat 4 Min. garen, anschließend pürieren und dann unter die Sauce mischen.

2 | Mit Eigelb binden

Für 250 ml Saucenflüssigkeit 2 Eigelbe mit 4 El Sauce verquirlen, neben dem Herd unter die heiße Sauce rühren. Die Sauce eindicken, aber nicht mehr kochen lassen.

3 | Mit Sahne binden

150 g Sahne in 350 ml Saucenflüssigkeit rühren. Aufkochen lassen und die Sauce auf die Hälfte reduzieren,

also einkochen lassen. Oder 100 g Crème fraîche mit 400 ml Saucenflüssigkeit langsam auf die Hälfte einkochen lassen.

4 | Mit Butter binden

40 g eiskalte Butter in kleinen Stückchen unter die Sauce mischen, dabei den Topf schwenken.
Auch Mehlbutter, quasi die Verbindung von Stärke und Butter, ist eine gute Möglichkeit, Saucen zu binden. Dafür 1 TL Mehl mit 1 TL Butter zu einem Kloß kneten, mit einem Schneebesen in die Sauce rühren. Der Fachmann nennt die Mehlbutter übrigens »beurre manié«.

> 1 *Das bindet: Mit Wasser angerührte Stärke in die heiße Sauce rühren.*

Die kleinen Helfer

Fertige Saucenbinder: In jedem Supermarkt finden Sie heute helle und dunkle Fixsaucenbinder ohne Eigengeschmack, die Sie direkt in die kochende Flüssigkeit geben können, um die Sauce zu binden.

Brühen und Fonds: Praktisch für die Saucenküche sind gekörnte Brühen. Sie sind auch ideal zum Nachwürzen. Bei den fertigen Fonds im Glas und Tetrapack reicht die Palette von Fleisch-, Geflügel-, Wild-, Krebsfonds bis hin zu Pilzfonds.

Kräuter: Frische Kräuter verleihen Saucen Raffinesse und Charakter. Geben Sie die Kräuter aber nicht zu früh zur Sauce, sie verlieren sonst stark an Aroma und Würzkraft. Kräuter am besten kurz vor dem Servieren in die Sauce geben und für 1 Minute ziehen lassen.

Gewürzöle: Für Rosmarinöl das erhitzte Öl mit 1/2 TL Rosmarinnadeln, 1/2 Knoblauchzehe und 1 TL Limonensaft mischen. Für Knoblauch-Chili-Öl das nicht erhitzte Öl mit gerösteten Scheiben von 1 Knoblauchzehe und 1/2 Chilischote mischen.

Schneebesen: Zum Verrühren und Aufschlagen von Saucen gibt es verschiedene Schneebesen: Quirl-, Schlag-, Spiral-, Teller- und den klassischen Schneebesen, der zur Grundausstattung gehört.

Pürierstab und Mixer: Ideal ist ein kräftiger Pürierstab, um die einzelnen Bestandteile von Saucen richtig zu verbinden. Saucen verhilft er beim Aufschlagen mit Butter oder Sahne zu einer feinen schaumigen Note.

Fertigsaucen aufpeppen

Helle Saucen:

Helle Sauce ist eine wunderbare Basissauce für Aufläufe, zu vielen Gemüsesorten, aber auch zu gekochtem Fisch, Fleisch und Geflügel.

Senfsauce: Helle Sauce mit 1 TL Senf, 1–2 EL Crème fraîche, Salz und Pfeffer würzen.

Gorgonzolasauce: 2 Schalotten und 1/2 Knoblauchzehe hacken und in 2 TL Butter glasig dünsten. 100 g Gorgonzola, 2 EL Crème fraîche und 250 ml heiße helle Sauce dazugeben, mit dem Pürierstab glatt rühren. Mit Salz, Pfeffer und Zitronensaft abschmecken.

Meerrettichsauce: Helle Sauce mit 3 EL Meerrettich, Zitrone und nach Belieben einem Schuss Sahne abschmecken.

Bratensauce:

Falls der Bratensaft bei Kurzgebratenem nicht ausreicht oder Sie mehr Sauce zum Sonntagsbraten möchten als das Fleisch hergibt, ist die Stunde der Instantbratensauce gekommen.

Sahnesauce: Fleischsaft und Bratensatz mit Brühe oder Fond auf 250 ml auffüllen, Bratensauce nach Packungsanweisung zubereiten. Mit 2 EL Sahne oder Crème fraîche verfeinern.

Knoblauchsauce: 2 fein gehackte Knoblauchzehen in 2 TL Öl kurz bräunen. 1 Tomate klein schneiden und mitbraten. Mit 1 EL Rotwein aufkochen lassen. 250 ml heiße Bratensauce unterrühren. Durch ein Sieb geben, aufkochen und 1 EL eiskalte Butter flockenweise unterrühren. Mit dem Pürierstab aufschlagen.

Sauce hollandaise:

Zu Spargel und Lachs ist sie einfach unschlagbar. Und dank des Fertigprodukts der feinen Eier-Butter-Sauce kann heute wirklich nichts mehr schief gehen.

Maltaiser Sauce: Sauce hollandaise mit 2 EL Blutorangensaft und 1 EL geriebener Orangenschale abschmecken.

Sauce Mousseline: 3 El geschlagene Sahne unter die heiße Sauce hollandaise mischen und mit Rosenpaprika und 1 Prise Cayennepfeffer abschmecken.

Zitronensauce: Sauce mit 2 TL geriebener Zitronenschale vermischen und kräftig mit Zitronensaft abschmecken.

Tomatensauce:

Der italienische Klassiker ist am beliebtesten zu Nudeln jeder Art. Achten Sie beim Kauf auf Qualität: je weniger Zusätze, umso besser.

Tomaten-Oliven-Sauce: 4–8 klein geschnittene schwarze Oliven und 1–2 EL Kapern in die Sauce rühren.

Tomaten-Fenchel-Sauce: 200 g Fenchelwürfel, je 1 gehackte Knoblauchzehe und Zwiebel glasig braten. Mit 1 gewürfelten Tomate 5 Min. köcheln lassen, mit Tomatensauce mischen und abschmecken.

Tomaten-Mascarpone-Sauce: 150 g Mascarpone in die Sauce rühren, nachwürzen und mit frischem Basilikum verfeinern.

Pannenhilfe – was tue ich, wenn …

die Sauce Klümpchen hat

➤ Die Sauce kräftig mit dem Pürierstab schlagen oder durchsieben.

die Sauce angebrannt ist

➤ Jetzt nicht umrühren, damit sich keine Bitterstoffe in der Sauce verteilen. Die Sauce in einen frischen Topf umgießen und erneut unter ständigem Rühren erwärmen.

die Sauce zu scharf ist

➤ Einfach je nach Geschmack etwas Brühe, Fond, Sahne oder Wasser dazugeben.

die Sauce versalzen ist

➤ Eine Kartoffel schälen, waschen, in Stücke schneiden und in der Sauce mitkochen lassen.

die Sauce zu dünn ist

➤ Die Sauce einkochen lassen, zum Schluss mit dem Schneebesen 1-2 EL eiskalte Butterflöckchen oder Mehlbutter unterschlagen. Dann noch einmal kurz mit dem Pürierstab aufschlagen.

die Sauce nach dem Binden zu dick ist

➤ Noch etwas Flüssigkeit dazugeben und die Sauce mit dem Pürierstab aufmixen. Nach Belieben etwas steif geschlagene Sahne in die Sauce rühren und sofort servieren.

die Mayonnaise zu fest ist

➤ Etwas steif geschlagenes Eiweiß oder Joghurt vorsichtig unterziehen, nicht verrühren. So wird die Sauce luftiger.

die Sauce hollandaise geronnen ist

➤ Den Topf sofort aus dem Wasserbad nehmen, mit dem Pürierstab 1 Eiswürfel, 1 EL Eiswasser oder eiskalte Sahne untermixen. Oder mit frischem Eigelb einen Neustart wagen, die geronnene Sauce statt Butter verwenden.

die Mayonnaise geronnen ist

➤ Mit 1 frischen Eigelb (Zimmertemperatur, nicht aus dem Kühlschrank!) neu beginnen, die geronnene Mayonnaise tropfenweise dazugeben und unterrühren.

Klassiker

Fundament einer jeden guten Küche sind unbestritten die Saucen. Und kein Saucenliebhaber kommt an den Klassikern vorbei: Eine cremig aufgeschlagene Sauce hollandaise zum Spargel oder eine rassige Meerrettichsauce zum Tafelspitz werden einfach nie altmodisch.

Blitzrezepte

Gemüsesauce

FÜR 4 PERSONEN

➤ 1 Kartoffel | 1/4 l Gemüsebrühe | 300 g gemischte Gemüse (Möhre, Lauch, Pilze) | 1 EL Olivenöl | 1/4 l Milch | 1 EL gehackte Petersilie | 1 Prise Muskatnuss | Salz | Pfeffer | 2 EL Zitronensaft

1 | Die Kartoffel schälen, waschen, grob raspeln und in 1/8 l Brühe 3 Min. garen, danach pürieren.

2 | Gemüse putzen und waschen, in streichholzdünne Streifen schneiden. Das Öl erhitzen und das Gemüse darin glasig andünsten. Mit der Milch und restlicher Brühe aufgießen, alles 4 Min. garen. Kartoffeln und Petersilie hinzufügen, mit Muskat, Salz, Pfeffer und Zitronensaft abschmecken.

➤ Passt zu: Spätzle, Hackbraten, Bratlingen

Paprikasauce

FÜR 4 PERSONEN

➤ 3 rote und gelbe Paprikaschoten 4 Frühlingszwiebeln | 1 EL Olivenöl 1/2 l Gemüsebrühe | Salz | Pfeffer 2 EL Crème fraîche

1 | Paprikaschoten und Frühlingszwiebeln putzen, waschen und klein schneiden.

2 | Das Öl erhitzen, Zwiebeln und Paprika darin glasig dünsten. Brühe angießen, alles 15 Min. schmoren. Sauce mit dem Pürierstab pürieren, mit Salz und Pfeffer würzen und die Crème fraîche unterrühren.

➤ Passt zu: Nudeln, Aufläufen, Quiche, Gemüsestrudel und gefülltem Gemüse

gut vorzubereiten
schnell

Béchamelsauce

FÜR 4 PERSONEN

➤ 3/8 l Milch
3 EL Butter
2 EL Mehl
Salz | Pfeffer
1 Prise Muskatnuss

🕐 Zubereitung: 20 Min.
➤ Pro Portion ca.: 135 kcal

1 | Die Milch in einem kleinen Topf erhitzen.

2 | Die Butter in einem zweiten Topf schmelzen lassen, das Mehl dazugeben und aufschäumen lassen. Das Mehl unter ständigem Rühren in 5 Min. etwas Farbe annehmen lassen.

3 | Die heiße Milch langsam dazugeben, dabei ständig mit dem Schneebesen rühren. Die Béchamelsauce unter ständigem Rühren aufkochen lassen. Bei schwacher Hitze 10 Min. leicht kochen lassen, dabei häufig umrühren. Die Sauce mit Salz, Pfeffer und Muskatnuss abschmecken

➤ Passt zu: gedünstetem Fisch, Blumenkohl, Kohlrabi, Erbsen mit Minze, Kartoffeln und zum Überbacken von Aufläufen

schnell | herzhaft

Topping-Käse-sauce

FÜR 4 PERSONEN

➤ 4 EL Mehl
1 Bund Basilikum
1 Zwiebel
1 EL Öl
3/8 l Milch
Salz | Pfeffer
Muskatnuss, frisch gerieben
4 EL frisch geriebener Parmesan
1 Eigelb

🕐 Zubereitung: 15 Min.
➤ Pro Portion ca.: 180 kcal

1 | Das Mehl in einer Pfanne hellgelb rösten, danach abkühlen lassen. Das Basilikum waschen, Blätter von den Stielen zupfen und klein schneiden. Die Zwiebel schälen und fein würfeln.

2 | Das Öl in einem Topf erhitzen, die Zwiebel darin glasig braten. Topf beiseite stellen. Die Milch und das Mehl dazugeben, die Sauce mit dem Pürierstab aufschlagen. Die Sauce unter ständigem Rühren aufkochen lassen. Bei schwacher Hitze 5 Min. leicht kochen lassen, dabei häufig umrühren. Die Sauce mit Salz, Pfeffer, Muskatnuss, Basilikum und Käse abschmecken.

3 | Das Eigelb mit etwas Sauce in einer Tasse verquirlen und esslöffelweise unter die Sauce mischen. Die Sauce nun nicht mehr aufkochen lassen, da sie sonst gerinnt.

➤ Passt als Topping für Aufläufe jeder Art, auch zum Überbacken von Gemüse und Fisch, als Sauce zu Tortellini, Gnocchi, Staudensellerie und Broccoli

im Bild vorne: **Topping-Käsesauce** *im Bild hinten:* **Béchamelsauce** ➤

herzhaft | gelingt leicht

Hackfleischsauce

FÜR 4 PERSONEN

➤ 1 Möhre
  80 g Sellerie
  1 Zwiebel
  4 aromatische Tomaten
  2 TL Olivenöl
  400 g gemischtes Hackfleisch
  Salz | Pfeffer
  2 EL Tomatenmark
  60 ml Gemüsebrühe

⏱ Zubereitung: 45 Min.
➤ Pro Portion ca.: 305 kcal

1 | Möhre und Sellerie waschen, schälen und klein würfeln. Zwiebel schälen und klein würfeln. Tomaten waschen, klein schneiden.

2 | Das Öl in einem Topf erhitzen, Möhre, Sellerie und Zwiebel darin glasig braten. Hackfleisch dazugeben und krümelig mitbraten, salzen und pfeffern. Tomatenmark und Tomaten dazugeben. Die Brühe angießen, die Sauce 30 Min. köcheln lassen.

➤ Passt zu: Spaghetti, Risotto, Pellkartoffeln, Ratatouille, Paprikagemüse und Zucchini

asiatisch | schnell

Süß-saure Sauce

FÜR 4 PERSONEN

➤ 1/2 rote Paprikaschote
  1 Zwiebel
  1 Stück frischer Ingwer (etwa walnussgroß)
  1 El Knoblauch-Chili-Öl (Seite 7)
  150 ml Gemüsebrühe
  3 EL Tomatenketchup
  2 EL Zucker
  75 ml Reisessig
  2 1/2 EL Speisestärke
  Salz

⏱ Zubereitung: 15 Min.
➤ Pro Portion ca.: 85 kcal

1 | Die Paprika putzen und waschen. Die Zwiebel schälen. Beides fein würfeln. Den Ingwer schälen und reiben.

2 | Das Öl erhitzen, Zwiebel und Paprika glasig braten. Mit Brühe, Ketchup, Zucker, Essig und Ingwer aufkochen lassen. Speisestärke mit 4 EL Wasser anrühren. In die Sauce rühren und aufkochen lassen, mit Salz abschmecken.

➤ Passt zu: gebratenem Fisch, Hähnchen, Ente und Frühlingsrollen

mediterran | für Gäste

Parmesansauce

FÜR 4 PERSONEN

➤ 1 kleine Zwiebel | 2 TL Öl
  100 ml Weißwein
  200 ml Gemüsebrühe
  1 EL Speisestärke
  1 Zweig Thymian
  2 Lorbeerblätter
  150 g saure Sahne
  150 g Parmesan, frisch gerieben | Salz | Pfeffer

⏱ Zubereitung: 10 Min.
➤ Pro Portion ca.: 250 kcal

1 | Die Zwiebel schälen und würfeln. Das Öl erhitzen, die Zwiebel glasig braten. Mit Wein und Brühe aufkochen lassen. Die Speisestärke in 3 EL Wasser anrühren und die Sauce damit binden. Thymian und Lorbeer dazugeben, die Sauce um ein Drittel einkochen.

2 | Thymian und Lorbeer entfernen, Sahne mit dem Pürierstab in die Sauce mixen. Vor dem Servieren Parmesan darunter mischen, die Sauce mit Salz und Pfeffer abschmecken.

➤ Passt zu: Nudeln, Gemüse, Spargel und Geflügel

für Gäste | macht was her

Sauce hollandaise

FÜR 4 PERSONEN

➤ 125 g Butter
2 Eigelbe
2 EL Gemüsebrühe oder Wasser
1 EL Zitronensaft
1 Prise Chilipulver nach Belieben
Salz | Pfeffer

🕐 Zubereitung: 20 Min.
➤ Pro Portion: ca.: 280 kcal

1 | Die Butter in einem Topf bei mittlerer Hitze zerlassen. Dann vom Herd ziehen und die weißen Bestandteile (die Molke) auf den Topfboden sinken lassen. Die Butter vorsichtig abschöpfen und in einem anderen Topf warm halten.

2 | Eigelbe mit der Brühe und dem Zitronensaft in einem Topf verquirlen. In ein heißes (nicht kochendes) Wasserbad geben und die Eigelbe mit dem Schneebesen so lange aufschlagen, bis die Masse dick und cremig wird.

3 | Den Topf aus dem Wasserbad heben und die flüssige Butter mit einem Schneebesen zunächst tropfenweise, dann in einem dünnen Strahl unter die Eigelbmasse schlagen. Ist die Sauce zum Schluss zu dick, etwas Brühe untermischen.

4 | Die Sauce nach Belieben mit Chilipulver, Salz und Pfeffer abschmecken und sofort servieren.

➤ Passt zu: feinen vegetarischen Gemüsegerichten, klassisch zu Spargel. Schmeckt auch gut zu kurz gebratenem Fleisch, zu Forelle blau und Lachs

TIPP So gelingt die Sauce am besten: Verwenden Sie das Wasserbad, um die Temperatur leichter regeln zu können. Die Sauce darf nicht zu kalt sein, dann wird sie nicht cremig, aber auch nicht zu heiß, dann gerinnt sie. Verwenden Sie ganz frische Eier, am besten Freilandware, je frischer das Eigelb, umso leichter verbindet es sich mit der Butter.

1 ▶ Butter zerlassen
Die Butter im Topf schmelzen lassen.

2 ▶ Eigelbe verquirlen
Die Eigelbe mit Brühe und Zitronensaft verquirlen.

3 ▶ Eigelbe schlagen
Die Eigelbe cremig rühren.

4 ▶ Butter unterschlagen
Die flüssige Butter unterrühren.

herzhaft | fettarm

Meerrettichsauce

FÜR 4 PERSONEN

➤ 1 Zwiebel | 2 EL Mehl
1/8 l Milch | 1 TL Öl
125 ml Weißwein
(ersatzweise Brühe)
1 EL frisch geriebener
Meerrettich (ersatzweise
3 EL aus dem Glas)
1 EL Zitronensaft
Salz | Pfeffer

🕐 Zubereitung: 20 Min.
➤ Pro Portion ca.: 55 kcal

1 | Die Zwiebel schälen und
sehr klein schneiden. Mehl
und Milch verrühren.

2 | Das Öl erhitzen, die Zwie-
bel glasig braten. Mit Weißwein aufkochen lassen und
um ein Drittel reduzieren.
Milch darunter rühren und
alles 3 Min. offen köcheln
lassen. Die Sauce mit Meerrettich, Zitronensaft, Salz
und Pfeffer abschmecken.

➤ Passt zu: Gemüseragouts,
Staudensellerie, gekochtem
Fleisch und Fisch, Pfann-
kuchen mit Gemüsefüllung
und Gemüsestrudel

für Gäste | gelingt leicht

Schalotten-Rot-
wein-Sauce

FÜR 4 PERSONEN

➤ 3 Schalotten
1 EL Butter | 1 EL Honig
1 kleiner Zweig Rosmarin
100 ml Rotwein
1 EL Aceto balsamico
300 ml Geflügelfond
1 EL Speisestärke
Salz | Pfeffer

🕐 Zubereitung: 15 Min.
➤ Pro Portion ca.: 120 kcal

1 | Die Schalotten schälen
und in feine Streifen schneiden. Butter und Honig goldbraun karamellisieren lassen.
Zwiebel mit Rosmarin darin
glasig dünsten. Wein und
Essig angießen und 1 Min.
kochen lassen. Fond dazugie-
ßen, Sauce aufkochen lassen
und unter weiterem Kochen
um ein Drittel reduzieren.

2 | Die Stärke mit 2 EL Wasser
anrühren und in die kochende Sauce rühren. Die Sauce
mit Salz und Pfeffer würzen.

➤ Passt zu: Wild, Fisch,
Geflügel

für Festtage | schnell

Pilzsauce

FÜR 4 PERSONEN

➤ 200 g Shiitakepilze (ersatzweise Champignons)
3 Frühlingszwiebeln
2 TL Olivenöl
5 EL Portwein nach Belieben
300 ml Geflügelfond
(selbst gemacht oder aus
dem Glas)
Salz | Pfeffer
1 TL Speisestärke

🕐 Zubereitung: 20 Min.
➤ Pro Portion ca.: 105 kcal

1 | Die Pilze und Zwiebeln
waschen und putzen. Pilze je
nach Größe in Stücke schneiden. Zwiebeln klein schneiden.

2 | Das Öl erhitzen. Das
Weiße von den Zwiebeln
und die Pilze darin anrösten.
Mit Portwein ablöschen, mit
Fond aufgießen und in etwa
8 Min. um ein Drittel einkochen lassen. Stärke in wenig
Wasser anrühren. Die Sauce
salzen, pfeffern und mit der
Stärke binden. Das Zwiebel-
grün darunter mischen.

➤ Passt zu: Bandnudeln,
Quiche und Aufläufen

Warme Saucen

Hier geraten kleine und große Feinschmecker ins Schwärmen. Unsere Saucenfavoriten sind die idealen Begleiter zu Pasta, Reis und Kartoffeln, verfeinern Fisch, Fleisch und Geflügel und begeistern Ihre Gäste beim Barbecue.

Blitzrezepte

Curry-Lauch-Sauce

FÜR 4 PERSONEN

➤ 100 g Lauch │ 1 Zwiebel │ 1 Apfel │ 3 TL Currypulver │ 2 TL Öl │ 200 ml Gemüse-brühe │ 100 g Sahne │ 100 g Dickmilch 3 EL Zitronensaft │ Salz │ Pfeffer

1 │ Lauch, Zwiebel und Apfel waschen, putzen und klein schneiden.

2 │ Curry mit Öl in einem Topf erhitzen, Gemüse und Apfel darin weich dünsten. Brühe angießen, Sauce einkochen lassen.

3 │ Sahne dazugeben und 5 Min. mitko-chen, mit dem Pürierstab pürieren. Mit Dickmilch und Zitrone verquirlen, mit Salz und Pfeffer abschmecken.

➤ Passt zu: Fisch, Kaninchen, Hähnchen-brust

Tomatensauce

FÜR 4 PERSONEN

➤ 1 Zwiebel │ 1 Knoblauchzehe │ 50 g Sellerieknolle │ 100 g Möhren │ 250 g Tomaten │ 2 TL Olivenöl │ 1 Zweig Thy-mian │ 1 Lorbeerblatt │ Salz │ Pfeffer

1 │ Zwiebel und Knoblauch schälen und würfeln. Sellerie, Möhren und Tomaten putzen, waschen und würfeln.

2 │ Öl erhitzen, Zwiebel und Knoblauch glasig anbraten, Gemüse 4 Min. mitrösten. Thymian und Lorbeerblatt dazugeben und die Sauce 6 Min. köcheln lassen. Mit Salz und Pfeffer abschmecken.

➤ Passt zu: Spaghetti, kurz gebratenem Fleisch, Tunfisch, gedünstetem Fisch, Gnocchi, Zucchini, Moussaka und Grill-gemüse

gut vorzubereiten
mediterran

Tomatensauce mit Kapern und Tunfisch

FÜR 4 PERSONEN

➤ 2 kleine rote Zwiebeln
  250 g aromatische Tomaten
  2 TL Olivenöl
  1 TL frischer Thymian (ersatzweise getrocknet)
  1 Lorbeerblatt
  1 Prise Majoran
  2 Anchovisfilets
  80 g Kapern (naturell)
  100 g Tunfisch (in eigenem Saft)
  Salz | Pfeffer

🕐 Zubereitung: 30 Min.
➤ Pro Portion ca.: 110 kcal

1 | Die Zwiebeln schälen und klein schneiden. Die Tomaten waschen, klein würfeln und grob pürieren.

2 | 1 TL Öl in einem Topf bei mittlerer Hitze erhitzen und die Hälfte der Zwiebeln darin glasig braten. Die Tomaten, den Thymian und das Lorbeerblatt dazugeben und die Sauce bei schwacher Hitze 8 Min. kochen lassen.

3 | Während die Sauce kocht, das restliche Öl in einem Topf bei mittlerer Hitze heiß werden lassen. Die restliche Zwiebel darin glasig braten. Majoran und Anchovis unterrühren und nach 3 Min. die Anchovis leicht zerdrücken. Die fertige Tomatensauce dazugeben, alles aufkochen und bei schwacher Hitze Kapern und Tunfisch darunter mischen. Die Sauce mit Salz und Pfeffer abschmecken.

➤ Passt zu: Penne, gedünstetem und gegrilltem Gemüse, gebratenem Fisch und Kaninchen

scharf
gut vorzubereiten

Tomaten-Auberginen-Sauce

FÜR 4 PERSONEN

➤ 2 rote Zwiebeln
  2 Knoblauchzehen
  250 g aromatische Tomaten
  2 EL Olivenöl, 1 TL Oregano
  2 Lorbeerblätter
  Salz | Pfeffer
  1 Aubergine (300 g)
  1/2 Chilischote

🕐 Zubereitung: 30 Min.
➤ Pro Portion ca.: 75 kcal

1 | Zwiebeln und Knoblauch schälen und klein schneiden. Tomaten waschen, würfeln und grob pürieren.

2 | 1 TL Öl erhitzen und die Zwiebeln darin glasig braten. Knoblauch, Tomaten, Oregano und Lorbeer dazugeben. Die Sauce 8 Min. schwach köcheln lassen. Mit Salz und Pfeffer würzen.

3 | Die Aubergine waschen, putzen und würfeln. Restliches Öl erhitzen, die Aubergine darin mit der Chili anbraten. Die Tomatensauce dazugießen. Alles aufkochen lassen, 15 Min. garen. Mit Salz und Pfeffer würzen.

➤ Passt zu: Nudeln jeder Art, gebratenem Fisch, Kartoffelragout, Lasagne, Couscous und Naturreis

vegetarisch | fettarm

Asiatische Gemüsesauce

FÜR 4 PERSONEN

➤ 1 Zwiebel
  1 Stück frischer Ingwer (etwa walnussgroß)
  2 Möhren
  1 Zucchino
  2 TL Knoblauch-Chili-Öl (Seite 7)
  8 EL Sojasauce
  125 ml Gemüsebrühe
  120 g Sojabohnensprossen
  Salz | Pfeffer

🕑 Zubereitung: 20 Min.
➤ Pro Portion ca.: 155 kcal

1 | Zwiebel, Ingwer und die Möhren schälen. Zucchino waschen und putzen. Den Ingwer fein hacken. Zwiebel, Möhren und Zucchino in etwa 1 cm große Würfel schneiden.

2 | Das Öl in einem Topf bei mittlerer Hitze erhitzen, Zwiebel und Möhre darin unter Rühren 2 Min. anbraten. Ingwer dazugeben und 1 Min. mitbraten, dann Sojasauce und Brühe dazugeben.

3 | Sojabohnensprossen waschen, abtropfen lassen und mit dem Zucchino in die Sauce geben. Alles noch 2 Min. köcheln lassen. Mit Salz und Pfeffer abschmecken.

➤ Passt zu: Reis, chinesischen Nudeln, Vollkorn-Spaghetti, gebratenem Fisch und Geflügel

TIPP Statt hausgemachtem Würzöl können Sie natürlich auch ein neutrales Öl verwenden. Dann sollten Sie aber unbedingt 1 klein gehackte Knoblauchzehe und 1/2 Chilischote in die Sauce geben, am besten direkt schon mit den Zwiebeln zusammen.

für Gäste | asiatisch

Venusmuschelsauce

FÜR 4 PERSONEN

➤ 1 kg Venusmuscheln
  1 Knoblauchzehe
  1 kleine Möhre
  1/2 kleine Stange Lauch
  1 Stück frischer Ingwer (etwa walnussgroß)
  1 TL Olivenöl
  50 ml Weißwein
  80 ml Gemüsebrühe
  100 g Sahne
  Salz | Pfeffer
  3 EL glatte Petersilie

🕑 Zubereitung: 30 Min.
➤ Pro Portion ca.: 135 kcal

1 | Muscheln waschen und putzen (geöffnete wegwerfen). Knoblauch, Möhre und Lauch waschen, schälen und klein schneiden. Den Ingwer schälen und fein reiben.

2 | Das Öl in einem Topf erhitzen. Knoblauch und Gemüse darin glasig anbraten. Mit dem Wein und der Brühe aufgießen und aufkochen lassen. Die Sahne dazugeben, alles weitere 5 Min. kochen lassen.

3 | Muscheln hineingeben und 5-8 Min. kochen. Geschlossene Muscheln wegwerfen, sie sind verdorben. Mit Ingwer, Salz, Pfeffer und Petersilie würzen.

➤ Passt zu: Rigatoni und Penne, Gemüserisotto und gegrilltem Fisch

im Bild vorne: **Asiatische Gemüsesauce**   *im Bild hinten:* **Venusmuschelsauce** ➤

herzhaft | fettarm

Zwiebel-Majoran-Sauce

FÜR 4 PERSONEN

➤ 250 g Zwiebeln
  1 EL Öl
  250 ml Gemüsebrühe
  1 EL Sojasauce
  1 EL Majoran
  1 EL Speisestärke
  Salz | Pfeffer

🕐 Zubereitung: 30 Min.
➤ Pro Portion ca.: 60 kcal

1 | Die Zwiebeln schälen und klein würfeln. Das Öl bei mittlerer Hitze in einem Topf erhitzen. Die Zwiebeln darin glasig braten. Mit der Brühe aufkochen lassen. Mit Sojasauce und Majoran würzen.

2 | Die Stärke in wenig Wasser anrühren und mit dem Schneebesen in die kochende Sauce rühren. Die Sauce mit Salz und Pfeffer abschmecken.

➤ Passt zu: Zucchini, Karotten, gebratenem Geflügel, Schweinebraten und vegetarischen Bratlingen

für Gäste | gelingt leicht

Proseccosauce

FÜR 4 PERSONEN

➤ 2 Schalotten
  3 EL Mehl
  100 g Sahne
  1 TL Öl
  250 ml Prosecco
  1 EL frische gemischte Kräuter (zum Beispiel Kerbel, Schnittlauch, Majoran)
  Salz | Pfeffer

🕐 Zubereitung: 15 Min.
➤ Pro Portion ca.: 170 kcal

1 | Die Schalotten schälen und sehr klein würfeln. Das Mehl mit der Sahne verquirlen.

2 | Das Öl in einem Topf bei mittlerer Hitze heiß werden lassen. Die Schalotten darin glasig braten und mit dem Prosecco aufkochen lassen, dann 3 Min. köcheln lassen. Die Mehl-Sahne-Mischung unter Rühren dazugeben, die Kräuter untermischen und die Sauce weitere 3 Min. köcheln lassen. Mit Salz und Pfeffer abschmecken.

➤ Passt zu: Steinbutt, hellem Fisch, Lachs, Kaninchen

schnell | macht was her

Preiselbeer-Maronen-Sauce

FÜR 4 PERSONEN

➤ 1 rote Zwiebel
  2 Lorbeerblätter
  1 Nelke
  2 Wacholderbeeren
  100 g Preiselbeeren
  100 g Maronen (geschält)
  1 EL Butter | 1 EL Honig
  100 ml Weißwein
  300 ml Geflügelfond
  Salz | Pfeffer

🕐 Zubereitung: 20 Min.
➤ Pro Portion ca.: 160 kcal

1 | Zwiebel schälen und würfeln. Lorbeer, Nelke und Wacholder zerdrückt in ein Tee-Ei geben. Die Beeren waschen. Maronen klein schneiden.

2 | Zwiebel in Butter glasig braten, Honig und Beeren darin karamellisieren. Mit dem Wein, dem Fond und dem Tee-Ei 8 Min. köcheln lassen. Die Sauce pürieren, Maronen dazugeben, mit Salz und Pfeffer würzen.

➤ Passt zu: Wild und Pute, Rotkohl, Wirsing

mediterran | für Gäste

Kaninchensauce mit Oliven

FÜR 4 PERSONEN

➤ 2 Kaninchenkeulen (vom Metzger entbeinen lassen)

2 Fleischtomaten

2 Stangen Staudensellerie

1 Möhre

2 Knoblauchzehen

1 rote Zwiebel

1 Zweig Rosmarin

10 schwarze Oliven

1 EL Olivenöl

100 ml Weißwein

250 ml Geflügelfond (selbst gemacht oder aus dem Glas)

1 EL Speisestärke

Salz | Pfeffer

1–2 EL Aceto balsamico nach Belieben

⏲ Zubereitungszeit: 1 Std.

➤ Pro Portion ca.: 350 kcal

1 | Die Kaninchenkeulen klein würfeln. Das Gemüse waschen. Die Tomaten in kleine Würfel schneiden. Den Sellerie in 1/2 cm dicke Streifen schneiden. Die Möhre schälen und klein würfeln. Den Knoblauch und die Zwiebel schälen und würfeln. Den Rosmarin waschen. Die Oliven entsteinen.

2 | Das Öl in einem Topf bei mittlerer Hitze heiß werden lassen. Das Kaninchenfleisch darin unter Rühren goldbraun anbraten.

3 | Den Sellerie, die Möhren und die Zwiebel mit anrösten. Die Tomaten mit anbraten, den Knoblauch und den Rosmarin dazugeben. Alles 5 Min. unter Rühren rösten.

4 | Mit Wein ablöschen, den Fond angießen. Alles bei schwacher Hitze etwa 30 Min. schmoren lassen.

5 | Den Rosmarinzweig entfernen. Das Stärkemehl in 3 EL Wasser anrühren, in die kochende Sauce rühren. Oliven untermischen, die Sauce 4 Min. schwach köcheln lassen. Mit Salz und Pfeffer und nach Belieben mit Aceto balsamico abschmecken.

➤ Passt zu: Röhrennudeln, Spätzle oder Kartoffelpüree

1 ❯ **Anbraten**
Kaninchenfleisch goldbraun anbraten.

2 ❯ **Gemüse rösten**
Das Gemüse mit anbraten.

3 ❯ **Ablöschen**
Mit Wein und Fond aufgießen.

4 ❯ **Binden**
Sauce mit angerührtem Stärkemehl binden.

exotisch | schnell
Maracujasauce

FÜR 4 PERSONEN

➤ 2 Schalotten
4 Maracujas
2 TL Öl
1/4 l Geflügelfond (selbst gemacht oder aus dem Glas)
2 EL Sojasauce
Salz | Pfeffer
1 Prise Muskatnuss
1 TL Stärkemehl

🕐 Zubereitung: 20 Min.
➤ Pro Portion ca.: 100 kcal

1 | Die Schalotten schälen, sehr klein würfeln. Maracujas halbieren, das Innere herauskratzen und in eine Schüssel geben.

2 | Das Öl in einem Topf bei mittlerer Hitze heiß werden lassen. Die Schalottenwürfel hineingeben und in 1 Min. unter Rühren glasig braten.

3 | Den Geflügelfond angießen, die Sauce aufkochen, dann 3 Min. bei schwacher Hitze köcheln lassen.

4 | Die Sojasauce dazugeben, die Sauce mit Salz, Pfeffer und Muskat würzen.

5 | Stärke mit wenig kaltem Wasser verrühren und mit dem Schneebesen in die kochende Sauce geben. Die Maracujas unterrühren

➤ Passt zu: gebratenem Fisch, Enten- und Putenbraten, Meeresfrüchten

gelingt leicht | für Gäste
Walnuss-Sauce

FÜR 4 PERSONEN

➤ 2 Schalotten
40 g Walnusskerne
1 EL Walnussöl
140 ml Gemüsebrühe
140 ml Bratenfond (selbst gemacht oder aus dem Glas)
1 TL Thymian
Salz | Pfeffer
1 EL Speisestärke

🕐 Zubereitung: 20 Min.
➤ Pro Portion ca.: 135 kcal

1 | Die Schalotten schälen und sehr klein würfeln. Die Walnüsse hacken.

2 | Das Öl in einem Topf bei mittlerer Hitze heiß werden lassen. Die Schalottenwürfel darin unter Rühren 1 Min. glasig braten. Die Walnüsse dazugeben und 1 Min. rösten.

3 | Mit Gemüsebrühe und Bratenfond ablöschen und aufkochen lassen. Bei schwacher Hitze 3 Min. köcheln lassen. Mit Thymian, Salz und Pfeffer abschmecken.

4 | Speisestärke in 4 EL Wasser anrühren und die Sauce damit unter Rühren binden.

➤ Passt zu: gebratenem Geflügel, Kaninchen und Wild

für Gäste | gelingt leicht

Orangen-Basilikum-Sauce

FÜR 4 PERSONEN

➤ 2 Schalotten
1 unbehandelte Orange
1 TL Olivenöl
80 ml frisch gepresster Orangensaft (von 1 Orange)
100 ml trockener Weißwein
200 ml Gemüsebrühe
2 EL gehacktes Basilikum
Salz | Pfeffer
1 EL Speisestärke
100 g saure Sahne
10 Basilikumblättchen

⏲ Zubereitung: 30 Min.
➤ Pro Portion ca.: 100 kcal

1 | Die Schalotten schälen und klein schneiden. 1/4 der Orangenschale reiben. Die Orange schälen und filetieren.

2 | Das Öl in einem Topf erhitzen und die Schalotten darin glasig braten. Mit Saft, Wein und Brühe aufgießen und in 8 Min. um ein Drittel einkochen lassen. Basilikum dazugeben und alles 5 Min. köcheln lassen. Die Sauce mit Salz und Pfeffer abschmecken

3 | Die Speisestärke in etwas Wasser anrühren und in die kochende Sauce rühren. Die Sauce durch ein Sieb streichen. Sahne dazugeben, die Sauce vorsichtig wieder erwärmen. Orangenfilets dazugeben und die Sauce mit den Basilikumblättchen garnieren.

➤ Passt zu: Karotten, Spargel, Geflügel, Fisch und Scampi

exotisch | herzhaft

Schwarze-Bohnen-Sauce

FÜR 4 PERSONEN

➤ 100 g schwarze Bohnen
Salz
1 Tomate
1 Zwiebel
1 Knoblauchzehe
4 TL Olivenöl
1/4 l Gemüsebrühe
1 Prise Chilipulver
1 EL frisch gehackte Petersilie

⏲ Zubereitung: 30 Min. (+ Einweich- und Garzeit für die Bohnen)
➤ Pro Portion ca.: 90 kcal

1 | Die Bohnen in reichlich Wasser 6 Std. quellen lassen.

Die Bohnen im Einweichwasser 1 Std. zugedeckt bei schwacher Hitze kochen lassen, schwach salzen. Ab und zu umrühren. Die fertigen Bohnen abgießen und zur Seite stellen.

2 | Die Tomate waschen, sehr klein würfeln. Die Zwiebel schälen, ebenfalls sehr klein würfeln. Den Knoblauch schälen und durch die Presse drücken.

3 | In einem Topf das Öl bei mittlerer Hitze erhitzen und die Zwiebel darin in 1 Min. glasig braten. Knoblauch und Bohnen darunter mischen und etwa 1 Min. mit anbraten. Die Hälfte der Gemüsebrühe dazugeben, alles aufkochen lassen und mit dem Pürierstab fein pürieren. Den Rest der Brühe nach und nach unter Rühren dazugießen, bis die Sauce die gewünschte Konsistenz hat. Mit Chilipulver und Salz abschmecken, mit Tomatenwürfeln und Petersilie garnieren.

➤ Passt zu: Grillfleisch und Tortillas

Mexikanische Sweet Chilisauce

FÜR 4 PERSONEN

➤ 1 Schalotte
   1 Knoblauchzehe
   1 kleiner Zucchino (etwa 100 g)
   300 g Fleischtomaten
   4 TL Erdnussöl
   1 EL frisch gehacktes Koriandergrün
   1 EL Essig
   1 EL Honig
   1 EL Limettensaft
   1 Prise Chilipulver
   Salz | Pfeffer

🕐 Zubereitung: 20 Min.

➤ Pro Portion ca.: 80 kcal

1 | Die Schalotte schälen und fein würfeln. Den Knoblauch schälen und durch die Presse drücken. Zucchino waschen. Tomaten waschen, mit dem Sparschäler schälen, entkernen. Zucchino und Tomaten in 1/2 cm große Würfel schneiden. Alle Zutaten in einen Topf geben und vermischen.

2 | Öl, Koriandergrün, Essig, Honig, Limettensaft, Chili, Salz und Pfeffer zum Gemüse geben. Die Sauce einmal aufkochen lassen, sie kann heiß und kalt serviert werden.

➤ Passt zu: Tortilla, gegrillten Würstchen und Grillgemüse

Mexikanische Schokoladensauce

FÜR 4 PERSONEN

➤ 2 Schalotten
   1 Knoblauchzehe
   1 frische, rote Chilischote
   200 g Tomaten
   40 g Zartbitter-Schokolade
   4 TL Erdnussöl
   40 g Mandeln
   1 Prise Zimt
   1 Prise Anissamen
   2 EL Gemüsebrühe
   Salz | Pfeffer

🕐 Zubereitung: 30 Min.

➤ Pro Portion ca.: 170 kcal

1 | Schalotten und Knoblauch schälen. Chili waschen und putzen. Alles klein hacken. Die Tomaten waschen und klein würfeln. Die Schokolade ebenfalls in kleine Würfel schneiden.

2 | Das Öl erhitzen. Die Schalotten, den Knoblauch und die Chili darin glasig braten. Die Mandeln 1 Min. mitrösten. Zimt, Anis und Brühe dazugeben. Die Sauce mit dem Pürierstab pürieren. Tomaten dazugeben und 3 Min. mitkochen lassen. Die Schokolade dazugeben, weitere 2 Min. mitköcheln lassen. Die Sauce mit Salz und Pfeffer würzen.

➤ Passt zu: Tortilla, Grilltellern, gebratenem Geflügel und gedämpfter Putenbrust

Kalte Saucen und Pesto

Kalte Saucen sind praktische Alleskönner. Sie sind einfach und schnell gerührt, dabei meist problemlos vorzubereiten, deshalb genau das Richtige für den Alltag und für Feste.

Blitzrezepte

Remouladensauce

FÜR 4 PERSONEN

➤ 1 Frühlingszwiebel | 1 kleine Gewürz-
gurke | 2 TL Kapern | 1 EL Kräuter
(Petersilie, Schnittlauch, Kerbel,
Estragon) | 1 Anchovis nach Belieben
1/8 l leichte Mayonnaise

1 | Zwiebel waschen, putzen und klein
hacken. Die Gurke, Kapern, Kräuter und
nach Belieben die Anchovis klein hacken.

2 | Die vorbereiteten Zutaten mit der
Mayonnaise vermischen.

➤ Passt zu: gedämpftem und gegrilltem
Fisch, Hähnchenbrust, Roastbeef, kaltem Braten und Sülze

Cocktailsauce

FÜR 4 PERSONEN

➤ 1/8 l leichte Mayonnaise | 2 EL Tomaten-
ketchup | 2 EL Tomatenmark | 1 Prise
Cayennepfeffer | 2 TL edelsüßes Papri-
kapulver | Salz | Pfeffer

1 | Mayonnaise mit Ketchup und Toma-
tenmark cremig verrühren.

2 | Die Sauce mit Cayennepfeffer, Paprika,
Salz und Pfeffer abschmecken.

➤ Passt zu: Scampi, gegrilltem und gebratenem Fisch, Meeresfrüchte-Cocktail,
Eisbergsalat, als Dip für Rohkost

Klassiker | fettarm

Frankfurter Sauce

FÜR 4 PERSONEN

➤ 1 Paket Frankfurter grüne Kräuter (Dill, Schnittlauch, Pimpernelle, Estragon)

Zwiebellauch von 2 Frühlingszwiebeln

250 g Buttermilch

2 EL saure Sahne

Salz | Pfeffer

1 Prise Muskatnuss

Saft von 1 Limette

🕐 Zubereitung: 20 Min.

➤ Pro Portion ca.: 30 kcal

1 | Die Kräuter und das Zwiebelgrün waschen, trockentupfen und klein schneiden.

2 | Die vorbereiteten Zutaten mit der Buttermilch vermischen und im Mixer pürieren.

3 | Die saure Sahne unterrühren und die Sauce mit Salz, Pfeffer, Muskatnuss und Limettensaft abschmecken.

➤ Passt zu: Fisch, kaltem Braten, zu neuen Kartoffeln, Sülze

TIPP

Die Grüne Sauce können Sie auch je nach Lust und Laune mit 150 g Joghurt (statt Buttermilch) mixen und mit 100 g Crème fraîche oder Magerquark mischen.

gut vorzubereiten

Mayonnaise

FÜR 1/8 L

➤ 1 sehr frisches ganzes Ei

1 TL Senf

1 Spritzer Essig

1 Prise Salz

1 Prise Zucker

100 ml Öl

100 g Quark oder fester Joghurt nach Belieben

TIPP

Leichte Curry-Mayonnaise

Dafür 1 Tl Currypulver in einer Pfanne vorsichtig trocken rösten, mit dem Saft 1 Orange ablösen und beiseite stellen. 1/8 Ananas in sehr kleine Würfel schneiden. Alles mit der vorbereiteten leichten Version der klassischen Mayonnaise mischen. Mit 1 TL frisch geriebenem Ingwer, Salz und Pfeffer abschmecken. 1 EL fein gehacktes Koriandergrün oder glatte Petersilie dazugeben. Die Curry-Mayonnaise passt zu Fleisch-Fondue, als Dip zu Rohkost, zu Garnelen, zu gekochtem Huhn und Ei. Sehr fein als Garnierung für Canapés.

🕐 Zubereitung: 15 Min.

➤ Pro EL ca.: 75 kcal

1 | Alle Zutaten sollen Zimmertemperatur haben. Das Ei mit dem Senf, dem Essig, dem Salz, dem Zucker und dem Öl in einem hohen Becher mit dem Pürierstab schaumig schlagen.

2 | Ist die Mayonnaise zu dick, mit etwas heißem Wasser verdünnen. Die Sauce einen Augenblick ruhen lassen.

3 | Für eine leichtere Mayonnaise mit Quark oder Joghurt glatt rühren. Mayonnaise mit Salz abschmecken.

➤ Passt zu: Salaten und als Dip

mediterran | Klassiker
Pesto genovese

FÜR 4 PERSONEN
- 2 EL Pinienkerne
  3 Knoblauchzehen
  3 Bund Basilikum
  1/8 l Olivenöl
  80 g frisch geriebener Parmesan
  Salz | Pfeffer

🕐 Zubereitung: 15 Min.
- Pro Portion ca.: 315 kcal

1 | Pinienkerne in einer Pfanne trocken goldgelb rösten und abkühlen lassen. Knoblauch schälen. Basilikumblätter von den Stielen zupfen, waschen und trockentupfen. Alles klein schneiden.

2 | Die vorbereiteten Zutaten mit dem Pürierstab pürieren. Dabei das Öl in dünnem Strahl dazugießen, bis eine cremige Paste entstanden ist.

3 | Den Parmesan zum Pesto geben und verrühren. Mit Salz und Pfeffer abschmecken.

- Passt zu: Spaghetti, dafür das Pesto mit 3–4 EL Nudelwasser verdünnen, gegrilltem Fisch, Lamm, Zucchini, Auberginen und Broccoli

gut vorzubereiten
Tomaten-Pesto

FÜR 6 PERSONEN
- 1 EL gehackte Mandeln
  100 g getrocknete Tomaten
  1 Knoblauchzehe
  je 1 EL frisch gehacktes Oregano und Basilikum
  6 EL Olivenöl
  30 g frisch geriebener Parmesan
  Salz | Pfeffer

🕐 Zubereitung: 15 Min.
- Pro Portion ca.: 145 kcal

1 | Die Mandeln trocken in einer Pfanne goldgelb rösten. Die Tomaten klein schneiden. Den Knoblauch schälen und durchpressen.

2 | Mandeln, Knoblauch, Tomaten, Oregano und Basilikum mit dem Pürierstab pürieren. Das Öl dazugießen. Pesto mit Käse, Salz und Pfeffer abschmecken.

- Passt zu: Nudeln, Gemüse, als Aufstrich, mit Balsamico-Dressing (Seite 51) vermischt für Salate und als Aufstrich

gelingt leicht
Rucola-Pesto

FÜR 8 PERSONEN
- 2 TL Pinienkerne
  1 Knoblauchzehe
  2 Bund Rucola
  6 EL Olivenöl
  40 g frisch geriebener Parmesan
  1 TL geriebene Schale von einer unbehandelten Zitrone
  Salz | Pfeffer

🕐 Zubereitung: 15 Min.
- Pro Portion ca.: 100 kcal

1 | Pinienkerne in einer Pfanne trocken goldgelb rösten. Den Knoblauch schälen und durch die Presse drücken. Die Rucola putzen, waschen und trockenschleudern.

2 | Alles mit dem Pürierstab fein pürieren. Das Öl langsam dazufließen lassen. Das Pesto mit Parmesan, Zitronenschale, Salz und Pfeffer abschmecken.

- Passt zu: Nudeln, Grillgerichten, mit Balsamico-Dressing (Seite 51) vermischt zu Salaten, als Dip für Rohkost

Dips und Dressings

Was wäre ein Fondue ohne Saucen, ein Salatbüfett ohne passende Dips und Marinaden? Von diesen erfrischenden Extras können Sie gar nicht genug auftischen. Und im Küchenalltag bringen unsere würzigen Dressingvariationen erfreuliche Abwechslung auf den Tisch.

Blitzrezepte

Tzatziki

FÜR 4 PORTIONEN

➤ 1/2 Salatgurke | 1 Knoblauchzehe
je 125 g Joghurt und Sahnequark oder
250 g griechischer Joghurt | 2 TL Oliven-
öl | 1 TL Dill | Salz | Pfeffer

1 | Salatgurke waschen, schälen, nach
Belieben entkernen und fein schneiden.
Knoblauch schälen, dazupressen und
untermischen.

2 | Joghurt und Sahnequark oder griechi-
schen Joghurt und Öl unterrühren und
mit Dill, Salz und Pfeffer abschmecken.

➤ Passt zu: Gyros, Schweinefleisch vom
Grill, Ofenkartoffeln, Baguette, Gemüse
aus dem Wok, als Aufstrich für Fladen-
brot und als Dip

Guacamole

FÜR 4 PERSONEN

➤ 1 Knoblauchzehe | 2 Schalotten
2 Tomaten | 1 EL Petersilie
4 EL Zitronensaft | 1/4 TL Chilipulver
Salz | Pfeffer | 2 reife Avocados

1 | Knoblauch und Schalotten schälen.
Knoblauch durchpressen. Schalotten fein
würfeln. Die Tomaten waschen und würfeln. Alles mit Petersilie, Zitronensaft, Chili,
Salz und Pfeffer abschmecken.

2 | Avocados schälen und entkernen. Das
Avocadofleisch zur Hälfte mit der Gabel
zerdrücken, die andere Hälfte stückig
schneiden, alles miteinander mischen.

➤ Passt zu: Grillgemüse, Räucherlachs,
gegrilltem Fisch, Steaks, als Dip für
Tacos

schnell | fürs Büfett

Radieschen-Kräuter-Quark

FÜR 4 PERSONEN

➤ 1 Stück Salatgurke (100 g)
1 Knoblauchzehe
1 EL Zitronensaft
Salz | Pfeffer
250 g Magerquark
1 EL Olivenöl
1 Bund Radieschen
1/2 rote Paprikaschote
1 Bund Schnittlauch
1/2 Bund glatte Petersilie

🕐 Zubereitung: 20 Min.
➤ Pro Portion ca.: 80 kcal

1 | Gurke schälen, längs halbieren und entkernen. Knoblauch schälen. Beides mit Zitronensaft, Salz und Pfeffer fein pürieren. Mit Quark und Öl zu einer Creme mixen.

2 | Die Gemüse und Kräuter waschen und putzen. Radieschen raspeln, Paprika würfeln und Kräuter hacken. Alles mit der Creme mischen. Mit Salz und Pfeffer abschmecken.

➤ Passt zu: Rohkost und Kartoffeln, als Dip zu Gemüse

gut vorzubereiten

Joghurt-Aprikosen-Dip

FÜR 4 PERSONEN

➤ 5 Aprikosen
2 TL Honig
Saft von 1 1/2 Zitrone
250 g fester Joghurt
2 EL Mayonnaise
2 TL geriebener Meerrettich (aus dem Glas)
Salz | Pfeffer

🕐 Zubereitung: 15 Min.
➤ Pro Portion ca.130 kcal

1 | Die Aprikosen waschen und entsteinen. 3 Früchte in kleine Würfel schneiden, die restlichen mit Honig und Zitronensaft pürieren.

2 | Joghurt mit der Mayonnaise und dem Meerrettich zu einer glatten Creme rühren. Die Aprikosen vorsichtig untermischen. Den Dip mit Salz und Pfeffer würzen.

➤ Passt zu: Scampi, Geflügel, Gegrilltem, als Dip für Rohkost

fettarm

Gemüse-Salsa

FÜR 4 PERSONEN

➤ 1 rote Paprikaschote
2 Tomaten
1 kleiner Zucchino (100 g)
1 kleine rote Zwiebel
1 Knoblauchzehe
2 Zitronen
4 TL Olivenöl nach Belieben
1 EL frisch gehacktes Koriandergrün oder Petersilie
Salz | Pfeffer

🕐 Zubereitung: 20 Min.
(+ 30 Min. Marinierzeit)
➤ Pro Portion ca.: 65 kcal

1 | Gemüse waschen und putzen. Paprika, Tomaten und Zucchino in 1/2 cm große Würfel schneiden. Zwiebel und Knoblauch schälen und sehr klein schneiden.

2 | Zitronen auspressen und die zerkleinerten Zutaten mit dem Saft mischen. Mit Öl nach Belieben vermischen. Koriandergrün oder Petersilie, Salz und Pfeffer untermischen und die Salsa 30 Min. ziehen lassen.

➤ Passt zu: Pasta, gegrilltem Fleisch und Fisch

asiatisch | für Gäste

Aprikosen-Chutney

FÜR 4 PERSONEN

- **300 g Aprikosen**
  2 kleine Zwiebeln
  2 TL Butter
  1/2 TL Piment
  3 TL Honig
  1 Prise Koriander
  1 Prise Kreuzkümmel
  Salz | Pfeffer
  2 EL frisch gehackte Minze

- Zubereitung: 30 Min.
- Pro Portion ca.: 70 kcal

1 | Aprikosen waschen und entsteinen. Zwiebeln schälen. Beides in kleine Würfel schneiden.

2 | Die Butter erhitzen, die Zwiebeln und Aprikosen darin 8 Min. dünsten.

3 | Mit Piment, Honig, Koriander und Kreuzkümmel würzen. 5 EL Wasser unterrühren und alles zugedeckt etwa 15 Min. bei schwacher Hitze garen. Mit Salz und Pfeffer abschmecken, mit Minze mischen.

- Passt zu: Reisgerichten, Wild und Geflügel

asiatisch | fettarm

Feigen-Chutney

FÜR 4 PERSONEN

- **4 Feigen**
  1 Zwiebel
  1 Stück frischer Ingwer (etwa haselnussgroß)
  1 El Honig
  1 EL Obstessig
  2 EL Limettensaft
  1 Prise Chilipulver
  Salz | Pfeffer

- Zubereitung: 15 Min.
- Pro Portion ca.: 45 kcal

1 | Die Feigen waschen und in etwa 1/2 cm große Würfel schneiden. Zwiebel schälen und in kleine Würfel schneiden. Den Ingwer schälen und fein reiben.

2 | Den Honig in einem Topf bei mittlerer Hitze heiß werden lassen. Sobald er sich golden färbt, die Zwiebel darin glasig braten. Feigen und Ingwer dazugeben. Mit Essig und Limettensaft 1 Min. kochen lassen. Mit Chilipulver, Salz und Pfeffer abschmecken.

- Passt zu: Geflügel, Kaninchen, Pastete, Reisgerichten

scharf | schnell

Kreolische Marinade

FÜR 6 PERSONEN

- **100 g Papaya**
  100 g Salatgurke
  1 Fleischtomate
  4 Zweige Koriandergrün
  1 Stück frischer Ingwer (etwa haselnussgroß)
  4 EL Kokosmilch
  4 TL Knoblauch-Chili-Öl (Selte 7)
  Saft von 2 Limetten
  Salz | Pfeffer

- Zubereitung: 15 Min.
- Pro Portion ca.: 35 kcal

1 | Früchte, Gemüse und Koriander waschen. Papaya entkernen und klein würfeln, Gurke und Tomate sehr klein würfeln. Koriander fein hacken. Ingwer fein reiben.

2 | Alles mit den restlichen Zutaten vermischen. Die Marinade abschmecken, 30 Min. ziehen lassen.

- Passt zu: rohem Gemüsesalat, als Marinade für Carpaccio, zu Meeresfrüchten und zu Crevettensalat

schnell | fürs Büfett
Zucchini-Kräuter-Relish

FÜR 4 PERSONEN

➤ 1 Zucchino (200 g)
  4 Zweige Estragon
  4 Zweige Basilikum
  3 Blätter Minze
  150 g Gelierzucker
  1/2 TL grob geschroteter Pfeffer
  3 EL Obstessig
  1 Stück frischer Ingwer (etwa haselnussgroß)
  Salz

🕓 Zubereitung: 15 Min.
➤ Pro Portion ca.: 165 kcal

1 | Zucchino und Kräuter waschen und fein hacken. Zucchino, Zucker, Pfeffer, Essig und Ingwer vermischen und aufkochen lassen.

2 | Estragon, Basilikum und Minze dazugeben, alles 4 Min. köcheln lassen. Mit Salz abschmecken. Noch heiß in Twist-off-Gläser füllen und verschließen. Das Relish hält sich 1 Woche im Kühlschrank.

➤ Passt zu: Kurzgebratenem und kaltem Geflügel

gut vorzubereiten
Gurken-Relish

FÜR 4 PERSONEN

➤ 2 Schalotten
  1 Knoblauchzehe
  1/2 Salatgurke
  150 g Kürbis
  2 EL Weißweinessig
  1/2 TL frisch gehackter Estragon oder Schnittlauch
  1 EL Honig
  Salz | Pfeffer

🕓 Zubereitung: 30 Min. (+ 30 Min. Zeit zum Ziehen)
➤ Pro Portion ca.: 35 kcal

1 | Die Schalotten schälen und sehr klein würfeln. Die Knoblauchzehe schälen und fein hacken. Das Gemüse waschen, putzen, entkernen und in 1/2 cm große Würfel schneiden. Schalotten, Knoblauch und Gemüse in eine Schüssel geben.

2 | Mit Essig, Estragon oder Schnittlauch, Honig, Salz und Pfeffer vermischen. Das Relish 30 Min. ziehen lassen.

➤ Passt zu: gegrilltem Fisch, Spargel und Paprikaschoten

mediterran | für Gäste
Salsa verde

FÜR 4 PERSONEN

➤ 1 grüne Paprikaschote
  150 g glatte Petersilie
  1 kleine Zwiebel
  1 Knoblauchzehe
  3 Sardellenfilets
  1 EL Kapern
  4 TL Olivenöl
  2 EL Zitronensaft
  Salz | Pfeffer

🕓 Zubereitung: 15 Min.
➤ Pro Portion ca.: 80 kcal

1 | Paprika waschen und putzen. Petersilie waschen und trockentupfen. Die Zwiebel und den Knoblauch schälen. Alles klein würfeln. Die Sardellen klein schneiden.

2 | Alle Zutaten mit den Kapern, dem Öl und dem Zitronensaft mit dem Pürierstab zu einer cremigen Paste pürieren. Mit Salz und Pfeffer abschmecken.

➤ Passt zu: gekochtem und gedämpftem Fleisch, Auberginen und Zucchini

schnell | gut vorzubereiten

Kräuter-Dressing

FÜR 4 PERSONEN

➤ 2 El Limettensaft
  2 TL Senf
  3 EL Gemüsebrühe
  2 EL Öl
  4 TL frisch gehackte Kräuter
  (Petersilie, Basilikum,
  Schnittlauch, Pimpernelle)
  Salz | Pfeffer

🕐 Zubereitung: 10 Min.
➤ Pro Portion ca.: 50 kcal

1 | Limettensaft, Senf und
Brühe verrühren. Nach und
nach das Öl unterrühren.

2 | Die Kräuter darunter mi-
schen und das Dressing mit
Salz und Pfeffer abschmecken.

➤ Passt zu: Blattsalaten, als
  Marinade für Gemüse- und
  Fisch-Carpaccio, als Dip für
  Rohkost

TIPP
Bereiten Sie für die
schnelle Gästeküche
gleich größere Portionen
vom Grund-Dressing zu.
Die Kräuter bitte immer
frisch dazugeben. Das
Dressing hält sich 1 Wo-
che im Kühlschrank.

gut vorzubereiten

Balsamico-Dressing

FÜR 4 PERSONEN

➤ 4 EL Aceto balsamio
  2 EL Gemüsebrühe
  1/2 TL Senf
  4 TL Olivenöl
  1 kleine Knoblauchzehe
  1 TL frisch gehackter Thymian
  Salz | Pfeffer

🕐 Zubereitung: 10 Min.
➤ Pro Portion ca.: 35 kcal

1 | Balsamico, Brühe und Senf
verrühren. Nach und nach
das Öl einrühren.

2 | Den Knoblauch schälen
und dazupressen. Thymian
dazugeben, das Dressing mit
Salz und Pfeffer abschmecken.

➤ Passt zu: Rucolasalat, Blattsalaten, Rohkost, zum Würzen von Pfannengemüse

TIPP
Praktisch für die Blitz-
küche: Bereiten Sie diese
Sauce in der drei- und
vierfachen Menge zu und
bewahren Sie sie im
Schraubglas im Kühl-
schrank auf.

schnell | für Gäste

Apfel-Walnuss-öl-Dressing

FÜR 4 PERSONEN

➤ 1 Schalotte
  1/2 Apfel
  2 TL Öl
  1 TL Walnussöl
  3 EL Weinessig
  1 TL Honig
  1 TL Senf
  5 EL Gemüsebrühe
  2 EL frisch gehackte
  Petersilie
  Salz | Pfeffer

🕐 Zubereitung: 10 Min.
➤ Pro Portion ca.: 55 kcal.

1 | Die Schalotte schälen
und fein würfeln. Den Apfel
waschen, vom Kerngehäuse
befreien und in sehr kleine
Würfel schneiden.

2 | Öle mit Essig, Honig, Senf,
Brühe, Petersilie, Salz und
Pfeffer verrühren. Apfel und
Schalotte darunter mischen.

➤ Passt zu: zum Salatbüfett,
  Rohkost, Friséesalat,
  Radicchio, Möhren

Süße Saucen

Wenn Sie die verführerisch köstlichen Finale des Essens lieben, dann experimentieren Sie mit Dessertsaucen! Ob zart-herbe Schokoladensauce, fein-cremige Vanillesauce oder frisch-fruchtige Obstsauce: Mit köstlichen süßen Saucen heben Sie den Geschmack eines jeden Desserts – und Feinschmeckerherzen schlagen höher.

Blitzrezepte

Aprikosensauce

FÜR 4 PERSONEN

➤ 200 g Aprikosen | 1/8 l Orangensaft
2 EL Zucker | 1 TL Vanillezucker

1 | Aprikosen waschen, halbieren, entsteinen und klein schneiden.

2 | Aprikosen zusammen mit dem Orangensaft mit dem Pürierstab pürieren. Mit Zucker und Vanillezucker süßen.

➤ Passt zu: Eis, Vanillepudding und Quarkspeisen

Himbeersauce

FÜR 4 PERSONEN

➤ 2 EL Zucker | 300 g Himbeeren
1 TL Vanillezucker | 1 TL Zitronensaft

1 | Zucker mit 2 EL Wasser aufkochen. Mit den Himbeeren in einen schmalen Behälter geben und mit dem Pürierstab pürieren.

2 | Mit Vanillezucker und Zitronensaft abschmecken.

➤ Passt zu: Eis, Grießklößchen und Quarkspeisen und süßen Aufläufen

schnell | gelingt leicht

Erdbeer-Rhabarber-Sauce

FÜR 4 PERSONEN

- 100 g Rhabarber
  1 EL Zucker
  1 TL Vanillezucker
  400 g Erdbeeren

- Zubereitung: 20 Min.
- Pro Portion ca.: 45 kcal

1 | Den Rhabarber waschen, schälen und in 1/2 cm große Würfel schneiden. Zucker mit 1 EL Wasser in einem Topf erhitzen und den Rhabarber dazugeben. Aufkochen lassen, dann beiseite stellen. Mit dem Vanillezucker vermischen und erkalten lassen.

2 | Inzwischen die Erdbeeren waschen und den Strunk entfernen. Die Früchte klein schneiden und mit dem Pürierstab pürieren.

3 | Den Rhabarber unter die Erdbeersauce mischen und nach Belieben nachsüßen.

- Passt zu: Grießflammeri, Vanillepudding und Quarkspeisen

für Gäste | Klassiker

Schokoladen-Mokka-Sauce

FÜR 4 PERSONEN

- 75 g Zartbitter-Schokolade
  6 EL extra starker Kaffee (Mokka)
  50 ml Milch
  50 g Sahne
  3 EL Zucker

- Zubereitung: 15 Min.
- Pro Portion ca.: 175 kcal

1 | Die Schokolade fein hacken und mit Kaffee, Milch und Sahne unter Rühren aufkochen lassen, bis sich die Schokolade aufgelöst hat.

2 | Mit Zucker süßen, vom Herd ziehen. Kann heiß und kalt serviert werden.

- Passt zu: Pfannkuchen, Eis, Obstsalat und Flammeri

TIPP Sie können den Kaffee durch Sahne ersetzen und mit etwas Vanillemark oder für Erwachsene mit etwa Cognac oder Armagnac aromatisieren.

gelingt leicht

Orangensauce

FÜR 4 PERSONEN

- 2 Orangen
  3 EL Zucker
  1/4 TL frisch geriebener Ingwer
  1 TL frisch gehackte Minze

- Zubereitung: 20 Min.
- Pro Portion ca.: 55 kcal

1 | 1 Orange auspressen, die zweite Orange schälen und in kleine Würfel schneiden.

2 | Den Saft mit dem Zucker und dem Ingwer aufkochen lassen. Die Orangenwürfel dazugeben, die Sauce aufkochen lassen, dann vom Herd ziehen. Abkühlen lassen, mit Minze bestreut servieren. Die Sauce kann warm oder kalt serviert werden.

- Passt zu: Pfannkuchen, Crêpes und Eis, für Obstsalate und Erdbeeren, zu Quarkspeisen

Klassiker | gelingt leicht
Vanillesauce

FÜR 4 PERSONEN

➤ 400 ml Milch
   1 gehäufter EL Speisestärke
   4 EL Zucker
   1 Eigelb
   1 Vanilleschote

🕐 Zubereitung: 10 Min.
➤ Pro Portion ca.: 145 kcal

1 | 4 El Milch von der Milch abnehmen und mit Speisestärke, Zucker und dem Eigelb anrühren. Die Vanilleschote längs aufschneiden und das Mark herauskratzen.

2 | Die übrige Milch in einen Topf geben und bei mittlerer Hitze mit dem ausgekratzten Vanillemark und der Schote langsam erhitzen und aufkochen lassen. Die angerührte Eigelbmasse unter Rühren dazugeben, bis die Sauce eine cremige Konsistenz erhält. Jetzt nicht mehr aufkochen lassen, da dabei die Sauce gerinnt. Die Schote herausnehmen und die Sauce servieren.

➤ Passt zu: Eis, Schokoladenpudding, Schokoladeneis, Erdbeeren, roter Grütze und Apfelstrudel

gut vorzubereiten
Rosmarin-Zwetschgen-Sauce

FÜR 4 PERSONEN

➤ 300 g Zwetschgen
   3 EL Honig
   1/2 TL frisch gehackter Rosmarin
   1 TL Vanillezucker
   1 EL Zitronensaft
   1 Prise Zimt

🕐 Zubereitung: 30 Min.
➤ Pro Portion ca.: 185 kcal

1 | Zwetschgen waschen, halbieren und entsteinen.

2 | 2 EL Honig in einem Topf bei mittlerer Hitze goldgelb karamellisieren lassen. Zwetschgen, Rosmarin und Vanillezucker untermischen und etwa 2 Min. köcheln lassen. Mit Zitronensaft vermischen, vom Herd ziehen und mit dem Pürierstab pürieren. Durch ein Sieb streichen, mit Honig und Zimt abschmecken.

➤ Passt zu: Schmarren, Eis, süßen Gnocchi, Schupfnudeln, Puddingen, Quarkspeisen und Milchreis

schnell | für Gäste
Grapefruit-Karamell-Sauce

FÜR 4 PERSONEN

➤ 4 rosa Grapefruits
   8 EL Orangensaft
   4 EL Zucker
   4 TL Butter
   1 EL Vanillezucker
   1 Prise Zimt

🕐 Zubereitung: 15 Min.
➤ Pro Portion ca.: 130 kcal

1 | 1 Grapefruit auspressen. Die restlichen Grapefruits waschen und abtrocknen. Die Früchte mit der weißen Haut schälen und filetieren. Grapefruitstücke mit dem Orangensaft vermischen.

2 | Den Zucker in einer Pfanne bei mittlerer Hitze goldgelb karamellisieren lassen. Die Filets mit dem Orangensaft dazugeben und 1 Min. darin dünsten. Mit dem Grapefruitsaft aufgießen. Die Butter unterrühren und nicht mehr kochen lassen. Mit Vanillezucker und Zimt abschmecken.

➤ Passt zu: Eis, Crêpes, Käsekuchen, Panna cotta und Quarkspeisen

Welche Sauce passt wozu?

Sauce	Seite	zu Fleisch, Geflügel, Wild	zu Fisch	Zu Gemüse und Kartoffeln	Zu Nudeln	Zu Reis	Zu Salaten	Zu Desserts
Apfel-Walnussöl-Dressing	51			X			X	
Aprikosen-Chutney	47	X				X		
Aprikosensauce	53							X
Asiatische Gemüsesauce	24	X	X		X	X		
Balsamico-Dressing	51			X			X	
Béchamelsauce	12		X	X				
Cocktailsauce	37		X				X	
Curry-Lauch-Sauce	21	X	X	X	X	X		
Erdbeer-Rhabarber-Sauce	55							X
Feigen-Chutney	47	X				X		
Frankfurter Sauce	38	X	X	X				
Gemüsesauce	11	X		X	X	X		
Gemüse-Salsa	45	X	X		X			
Grapefruit-Karamell-Sauce	57							X
Guacamole	43	X	X	X			X	
Gurken-Relish	49		X	X				
Paprikasauce	11	X		X	X	X		
Hackfleischsauce	15			X	X	X		
Himbeersauce	53							X
Joghurt-Aprikosen-Dip	45	X	X				X	
Kaninchensauce	29		X	X				
Kräuter-Dressing	51		X				X	
Kreolische Marinade	47	X	X				X	
Mayonnaise	38						X	
Maracujasauce	30	X	X					
Meerrettichsauce	19	X	X	X				
Mexikanische Schokoladensauce	34	X						

Sauce	Seite	zu Fleisch, Geflügel, Wild	zu Fisch	Zu Gemüse und Kartoffeln	Zu Nudeln	Zu Reis	Zu Salaten	Zu Desserts
Mexikanische Sweet Chilisauce	34	X						
Mokka-Sauce	55							X
Orangensauce	55							X
Orangen-Basilikum-Sauce	32	X	X	X				
Parmesansauce	15	X		X	X			
Paprikasauce	11			X	X	X		
Pesto genovese	41	X	X	X	X			
Pilzsauce	19	X		X	X			
Preiselbeer-Maronen-Sauce	27	X		X				
Proseccosauce	27	X	X					
Radieschen-Kräuter-Quark	45			X			X	
Remouladensauce	37	X	X					
Rosmarin-Zwetschgen-Sauce	57							X
Rotwein-Sauce	19	X	X					
Rucola-Pesto	41	X			X		X	
Salsa verde	49	X		X				
Sauce hollandaise	17	X	X	X				
Schwarze-Bohnen-Sauce	32	X						
Süß-saure Sauce	15	X	X			X		
Tomatensauce	21	X	X	X	X	X		
Tomaten-Auberginen-Sauce	22		X	X	X	X		
Tomaten-Pesto	41	X		X	X		X	
Tomatensauce mit Kapern und Tunfisch	22	X	X	X	X	X		
Topping-Käsesauce	12		X	X	X			
Tzatziki	43	X		X			X	
Vanillesauce	57							X
Vernus-muschelsauce	24		X	X	X	X		
Walnuss-Sauce	30	X	X		X			
Zucchini-Relish	49	X						
Zwiebel-Majoran-Sauce	27	X		X				

Hinweis

Die Temperaturstufen bei Gasherden variieren von Hersteller zu Hersteller. Welche Stufe Ihres Herdes der jeweils angegebenen Temperatur entspricht, entnehmen Sie bitte der Gebrauchsanweisung.

Die Autoren

Elisabeth Döpp arbeitete lange Zeit als Lektorin für große Verlage und ist seit 1985 Kochbuchautorin und UGB-Gesundheits-Trainerin im Bereich Ernährung – mit dem Schwerpunkt vegetarische und vollwertige Küche.
Christian Willrich stammt aus dem Elsass und ist seit 1980 Küchenchef in Gourmet-Restaurants. Er präsentiert seit 1980 seine feine Naturküche mit großem Erfolg.
Jörn Rebbe wurde in einem japanischen Hotel zum Koch ausgebildet. Als Küchenchef ist er Spezialist für japanische und chinesische Küche.

Der Fotograf

Kai Mewes ist selbstständiger Food-Fotograf in München und arbeitet für Verlage und Werbung. Sein Studio mit Versuchsküche befindet sich in der Nähe des Viktualienmarktes. Die stimmungsvollen Bilder sind Ausdruck seiner Hingabe, Fotografie und kulinarischen Genuss zu vereinen. Für das Foodstyling zeichnet Akos Neuberger verantwortlich.

Bildnachweis

FoodPhotographie Eising, Martina Görlach: Titelfoto
Stockfood: S. 6
Alle anderen: Kai Mewes

Redaktionsleitung:
Birgit Rademacker
Redaktion:
Stefanie Poziombka
Lektorat: Bettina Bartz
Korrektorat: Mischa Gallé
Versuchsküche: Karl Broich
Catering-Company, Düsseldorf
Layout, Typografie und Umschlaggestaltung:
Independent Medien-Design, München
Herstellung:
Maike Harmeier
Satz: Design-Typo-Print GmbH, Ismaning
Reproduktion, Druck und Bindung: Appl, Wemding

ISBN 3-7742-4886-9

Auflage   5.   4.
Jahr   2006   05   04

GRÄFE
UND
UNZER

Ein Unternehmen der
GANSKE VERLAGSGRUPPE

Das Original mit Garantie

Ihre Meinung ist uns wichtig. Deshalb möchten wir Ihre Kritik, gerne aber auch Ihr Lob erfahren. Um als führender Ratgeberverlag für Sie noch besser zu werden. Darum: Schreiben Sie uns! Wir freuen uns auf Ihre Post und wünschen Ihnen viel Spaß mit Ihrem GU-Ratgeber.

Unsere Garantie: Sollte ein GU-Ratgeber einmal einen Fehler enthalten, schicken Sie uns das Buch mit einem kleinen Hinweis und der Quittung innerhalb von sechs Monaten nach dem Kauf zurück. Wir tauschen Ihnen den GU-Ratgeber gegen einen anderen zum gleichen oder ähnlichen Thema um.

Ihr Gräfe und Unzer Verlag
Redaktion Kochen
Postfach 86 03 25
81630 München
Fax: 089/41981-113
e-mail: leserservice@ graefe-und-unzer.de